Impressum
Verlag: BABADADA GmbH, Nedderfeld 112 , 22529 Hamburg
Geschäftsführer / Verlagsleitung: Harald Hof
Druck: Books on Demand GmbH, In de Tarpen 42, 22848 Norderstedt

Imprint
Publisher: BABADADA GmbH, Nedderfeld 112 , 22529 Hamburg, Germany
Managing Director / Publishing direction: Harald Hof
Print: Books on Demand GmbH, In de Tarpen 42, 22848 Norderstedt, Germany

ysgol
skóli

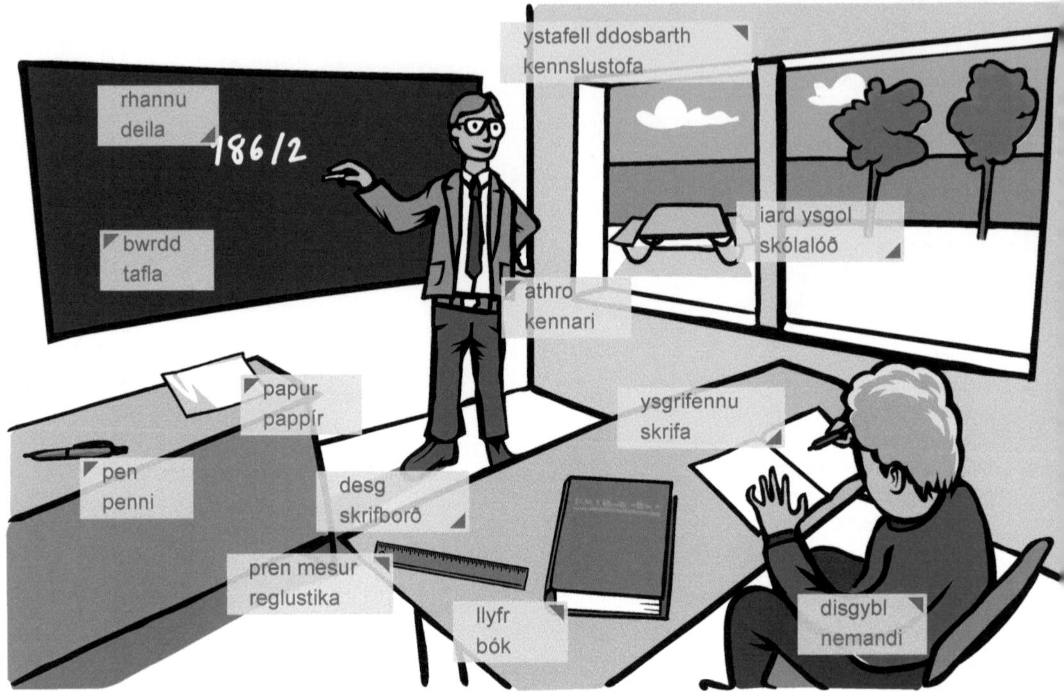
ystafell ddosbarth
kennslustofa
rhannu
deila
186/2
bwrdd
tafla
iard ysgol
skólalóð
athro
kennari
papur
pappír
ysgrifennu
skrifa
pen
penni
desg
skrifborð
pren mesur
reglustika
llyfr
bók
disgybl
nemandi

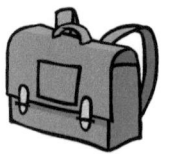

bag ysgol

skólataska

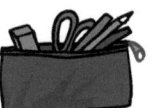

blwch penseli

pennaveski

pensil

blýantur

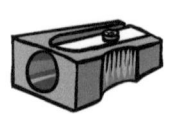

peth rhoi min ar bensil

yddari

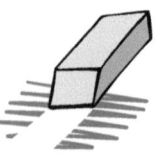

rwber

strokleður

pad arlunio

teikniblað

llun
....
teikning

brws paent
....
pensill

blwch paent
....
litakassi

siswrn
....
skæri

glud
....
lím

llyfr ysgrifennu
....
æfingabók

gwaith cartref
....
heimavinna

rhif
....
númer

ychwanegu
....
leggja saman

tynnu
....
draga frá

lluosi
....
margfalda

cyfrifo
....
reikna

llythyren
....
bréf

gwyddor
....
stafróf

gair
....
orð

testun

texti

darllen

lesa

sialc

krít

gwers

kennslustund

cofrestr

kladdi

arholiad

próf

tystysgrif

vottorð

gwisg ysgol

skólabúningur

addysg

menntun

gwyddoniadur

alfræðirit

prifysgol

háskóli

microsgop

smásjá

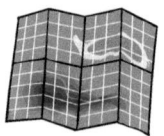

map

kort

basged papur gwastraff

ruslakarfa

teithio
ferðalög

gwesty
hótel
Grand
hostel
farfuglaheimili
ROOMS
swyddfa gyfnewid
gjaldeyrisskipti
EXCHANGE
cês dillad
ferðataska
car
bíll

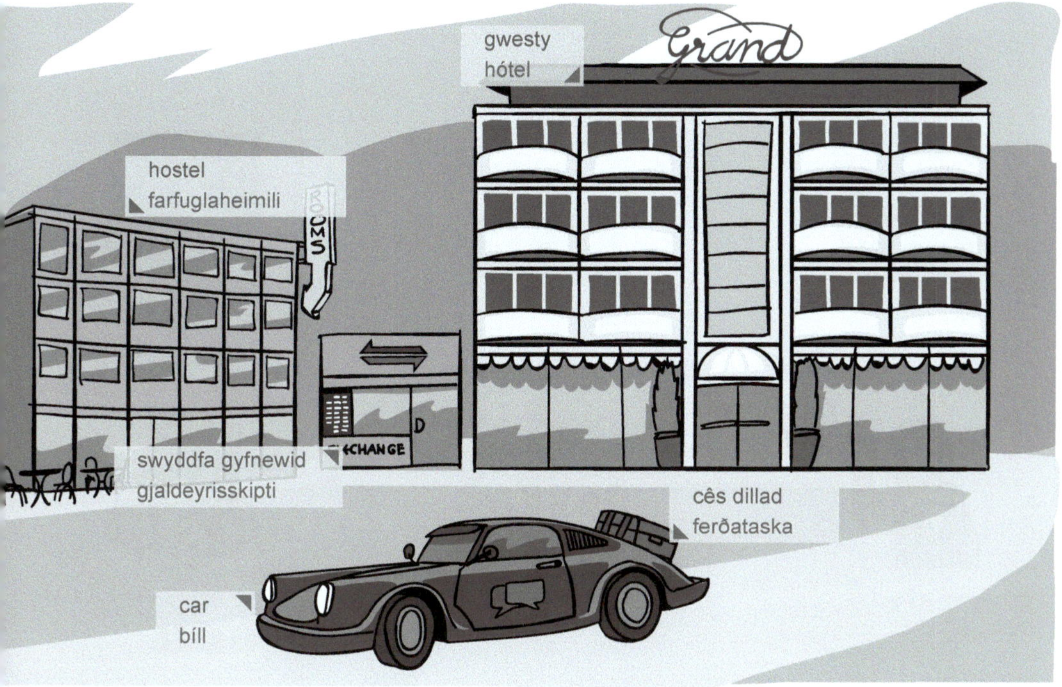

iaith

tungumál

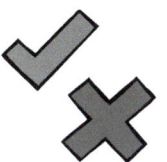

ie / na

já / nei

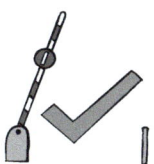

iawn

allt í lagi

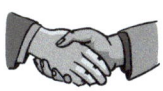

helo

halló

cyfieithydd

þýðandi

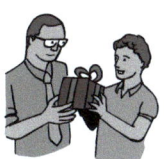

Diolch yn fawr

takk fyrir

faint yw ...?

hvað kostar...?

Dw i ddim yn deall

Ég skil ekki

problem

vandamál

Noswaith dda!

Gott kvöld!

Bore da!

Góðan dag!

Nos da!

Góða nótt!

hwyl

bless bless

cyfarwyddyd

átt

bagiau

farangur

bag

taska

gwarbac

bakpoki

gwestai

gestur

ystafell

herbergi

sach gysgu

svefnpoki

pabell

tjald

gwybodaeth i ymwelwyr

upplýsingamiðstöð

traeth

strönd

cerdyn credyd

kreditkort

brecwast

morgunverður

cinio

hádegisverður

swper

kvöldmatur

tocyn

farmiði

lifft

lyfta

stamp

frímerki

ffin

landamæri

tollau

tollur

llysgenhadaeth

sendiráð

fisa

vegabréfsáritun

pasbort

vegabréf

cludiant
samgöngur

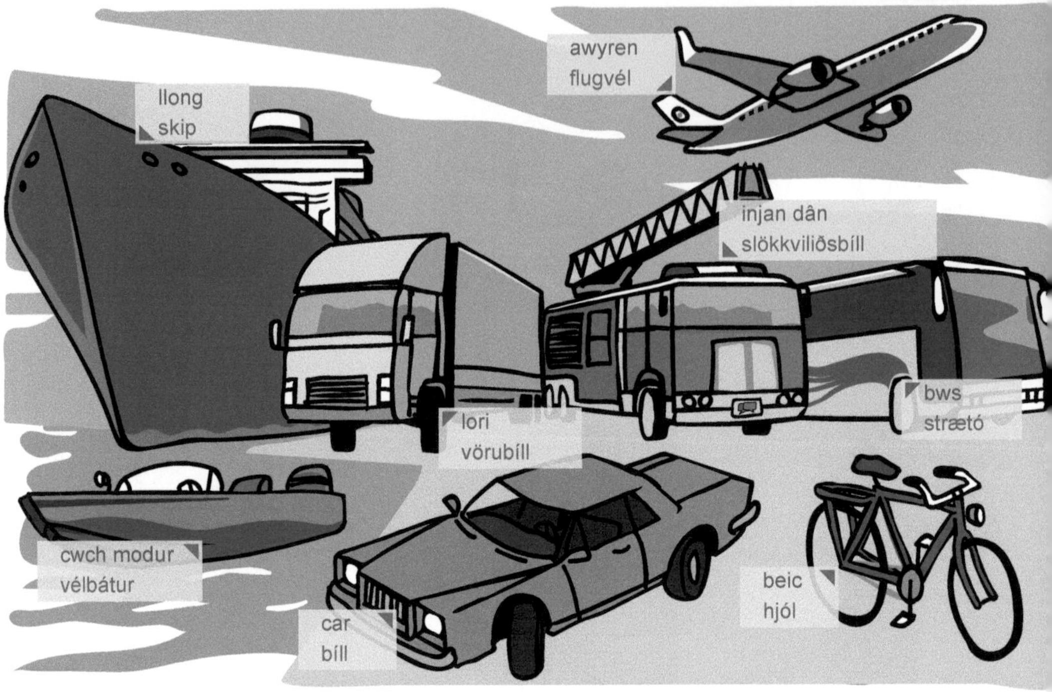
awyren
flugvél
llong
skip
injan dân
slökkviliðsbíll
bws
strætó
lori
vörubíll
cwch modur
vélbátur
beic
hjól
car
bíll

fferi
ferja

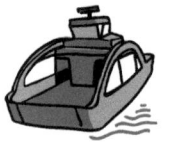

cwch
bátur

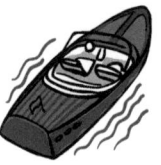

beic modur
mótorhjól

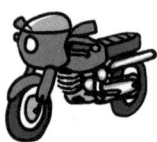

car yr heddlu
lögreglubíll

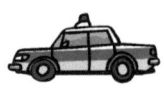

car rasio
kappakstursbíll

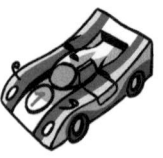

car wedi'i rentu
bílaleigubíll

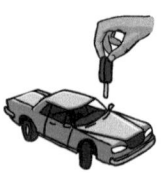

rhannu car

bílasamneyti

lori tynnu

dráttarbíll

lori ysbwriel

öskubíll

modur

vél

tanwydd

eldsneyti

gorsaf betrol

bensínstöð

arwydd traffig

umferðarskilti

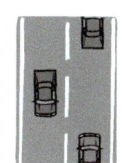

traffig

umferð

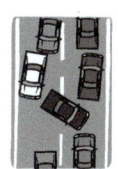

tagfa draffig

umferðarteppa

maes parcio

bílastæði

gorsaf drennau

lestarstöð

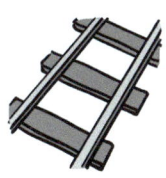

traciau

járnbrautarteinar

trên

lest

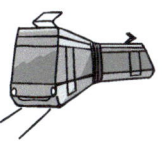

tram

sporvagn

wagen

vagn

hofrennydd
þyrla

maes awyr
flugvöllur

tŵr
turn

teithiwr
farþegi

cynhwysydd
gámur

paced
pappakassi

cert
kerra

basged
karfa

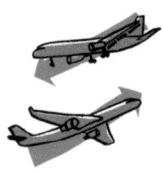

esgyn / glanio
takast á loft / lenda

dinas

borg

pentref
þorp

canol y ddinas
miðbær

tŷ
hús

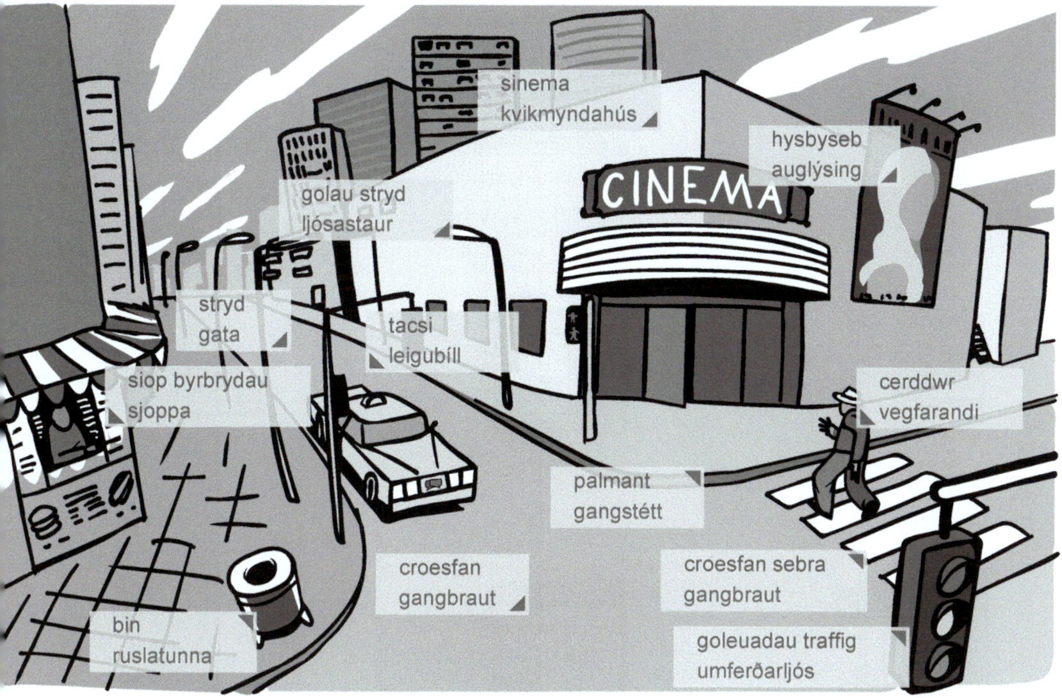

sinema
kvikmyndahús
CINEMA
hysbyseb
auglýsing
golau stryd
ljósastaur
stryd
gata
tacsi
leigubíll
siop byrbrydau
sjoppa
cerddwr
vegfarandi
palmant
gangstétt
croesfan
gangbraut
croesfan sebra
gangbraut
bin
ruslatunna
goleuadau traffig
umferðarljós

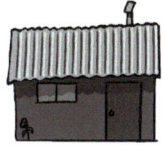

cwt

skáli

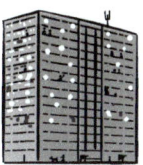

fflat

íbúð

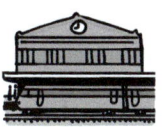

gorsaf drennau

lestarstöð

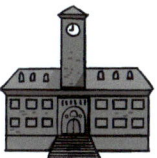

neuadd y dref

ráðhús

MUSEUM

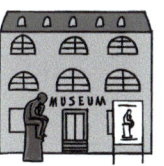

amgueddfa

safn

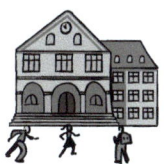

ysgol

skóli

prifysgol

háskóli

banc

banki

ysbyty

sjúkrahús

gwesty

hótel

fferyllfa

apótek

swyddfa

skrifstofa

siop lyfrau

bókabúð

siop

búð

siop flodau

blómabúð

archfarchnad

kjörbúð

farchnad

markaður

siop adrannol

stórmarkaður

siop bysgod

fiskbúð

canolfan siopa

verslunarmiðstöð

harbwr

höfn

parc
almenningsgarður

banc
bekkur

pont
brú

grisiau
stigi

rheilffordd danddaearol
neðanjarðarlest

twnnel
göng

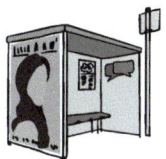

safle bws
biðstöð

bar
bar

bwyty
veitingastaður

blwch post
póstkassi

arwydd stryd
götuskilti

mesurydd parcio
stöðumælir

sŵ
dýragarður

pwll nofio
sundlaug

mosg
moska

 fferm
bær

llygredd
mengun

mynwent
kirkjugarður

eglwys
kirkja

maes chwarae
leiksvæði

teml
musteri

tirwedd
landslag

deilen
laufblað

arwydd cyfeirio
leiðarvísir

ffordd
leið

dôl
engi

carreg
steinn

coeden
tré

heiciwr
göngufólk

afon
á

glaswellt
gras

blodyn
blóm

cwm
dalur

bryn
hæð

llyn
stöðuvatn

coedwig
skógur

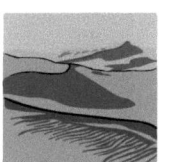

anialwch
eyðimörk

llosgfynydd
eldfjall

castell
kastali

enfys
regnbogi

madarchen
sveppur

palmwydden
pálmatré

mosgito
moskítófluga

pryf
fluga

morgrugyn
maur

gwenyn
býfluga

pryf copyn
kónguló

chwilen

bjalla

llyffant

froskur

gwiwer

íkorni

draenog

broddgöltur

ysgyfarnog

héri

tylluan

ugla

aderyn

fugl

alarch

svanur

baedd

villisvín

carw

dádýr

elc

elgur

argae

stífla

tyrbin gwynt

vindmylla

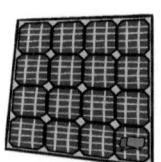

panel haul

sólarrafhlaða

hinsawdd

loftslag

bwyty
veitingastaður

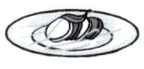

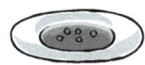

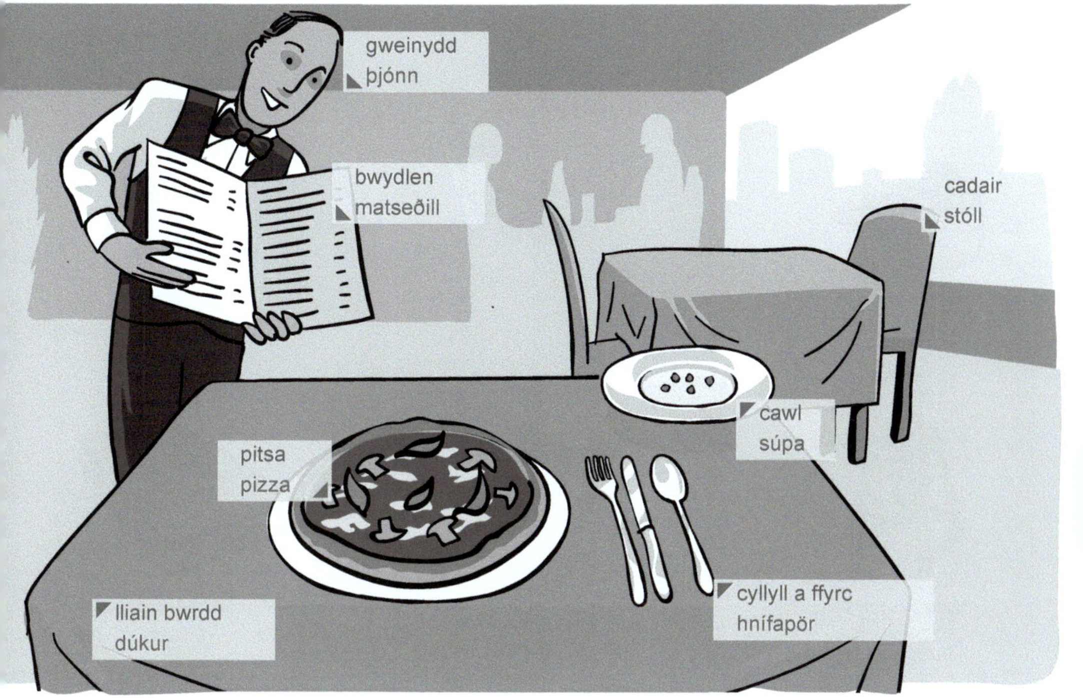
gweinydd
þjónn
bwydlen
matseðill
cadair
stóll
cawl
súpa
pitsa
pizza
cyllyll a ffyrc
hnífapör
lliain bwrdd
dúkur

cwrs cyntaf
forréttur

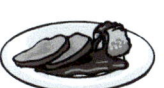

prif gwrs
aðalréttur

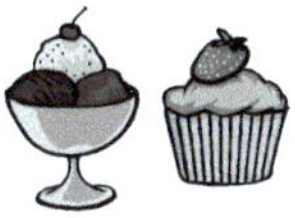

pwdin
eftirréttur

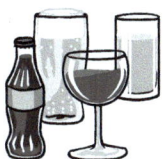

diodydd
drykkir

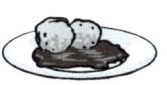

bwyd
matur

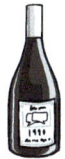

potel
flaska

bwyd cyflym

skyndibiti

bwyd y stryd

götumatur

tebot

teketill

powlen siwgr

sykurskál

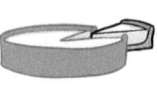

dogn

skammtur

peiriant espresso

espressovél

cadair plentyn

barnastóll

bil

reikningur

hambwrdd

bakki

cyllell

hnífur

fforc

gaffall

llwy

skeið

llwy de

teskeið

napcyn

servíetta

gwydr

glas

plât
diskur

plât cawl
súpudiskur

soser
undirskál

saws
sósa

pot halen
saltstaukur

melin bupur
piparkvörn

finegr
edik

olew
olía

sbeisys
krydd

saws coch
tómatsósa

mwstard
sinnep

mayonnaise
majónes

archfarchnad

kjörbúð

cynnig arbennig
tilboð
FOR
cwsmer
viðskiptavinur
cynnyrch llaeth
mjólkurvörur
ffrwythau
ávöxtur
troli
búðarkerra

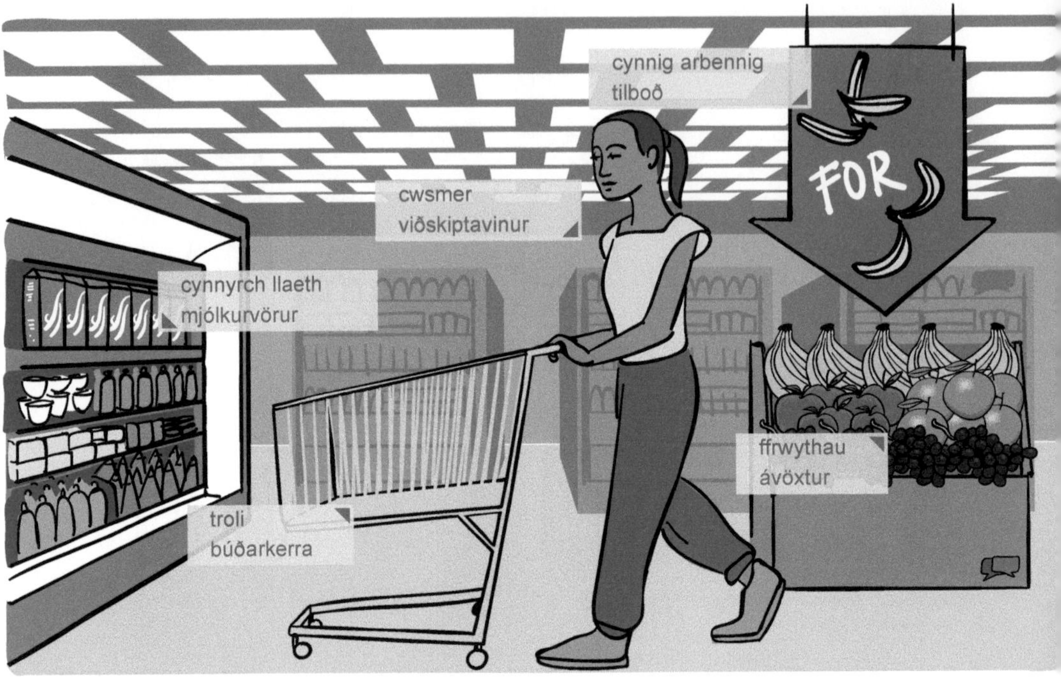

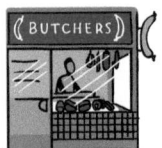

BUTCHERS

siop gig

slátrari

BAKERY

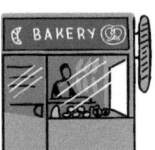

siop fara

bakarí

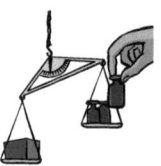

pwyso

vega

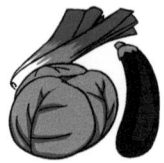

llysiau

grænmeti

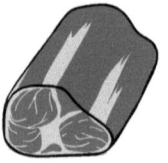

cig

kjöt

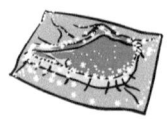

Bwyd wedi'i rewi

frosinn matur

cig oer
....
kjötálegg

bwyd tun
....
niðursoðinn matur

powdr golchi
....
þvottaefni

da-da
....
sælgæti

cynnyrch cartref
....
vörur til heimilisnota

cynhyrchion glanhau
....
hreinsiefni

gwerthwraig
....
afgreiðslukona

til
....
afgreiðslukassi

ariannwr
....
gjaldkeri

rhestr siopa
....
innkaupalisti

oriau agor
....
opnunartímar

waled
....
veski

cerdyn credyd
....
kreditkort

bag
....
poki

bag plastig
....
plastpoki

dŵr
vatn

sudd
safi

llefrith
mjólk

côc
kók

gwin
vín

cwrw
bjór

alcohol
áfengi

coco
kakó

te
te

coffi
kaffi

espresso
espresso

cappuccino
kaffi

ffrwchledd

banani

afal

epli

oren

appelsínugulur

melon

melóna

lemwn

sítróna

moronen

gulrót

garlleg

hvítlaukur

bambŵ

bambus

nionyn

laukur

madarchen

sveppir

cnau

hnetur

nwdls

núðlur

sbageti

spagettí

reis

hrísgrjón

salad

salat

sglodion

franskar kartöflur

tatws wedi'u ffrïo

steiktar kartöflur

pitsa

pizza

hambyrger

hamborgari

brechdan

samloka

cytled

snitsel

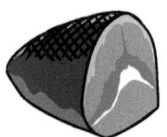

ham

skinka

salami

salami

selsig

pylsa

cyw iâr

kjúklingur

rhost

steik

pysgodyn

fiskur

ceirch uwd

haframjöl

miwsli

músli

creision ŷd

kornflögur

blawd

hveiti

croissant

franskt horn

bynsen

smábrauð

bara

brauð

tost

ristað brauð

bisgedi

kex

menyn

smjör

ceuled

ystingur

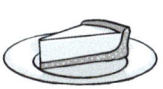

teisen

kaka

wy

egg

wy wedi'i ffrïo

spælt egg

caws

ostur

bwyd - matur

hufen iâ
ís

siwgr
sykur

mêl
hunang

jam
sulta

siocled taenu
súkkulaðiálegg

cyri
karrý

fferm
bær

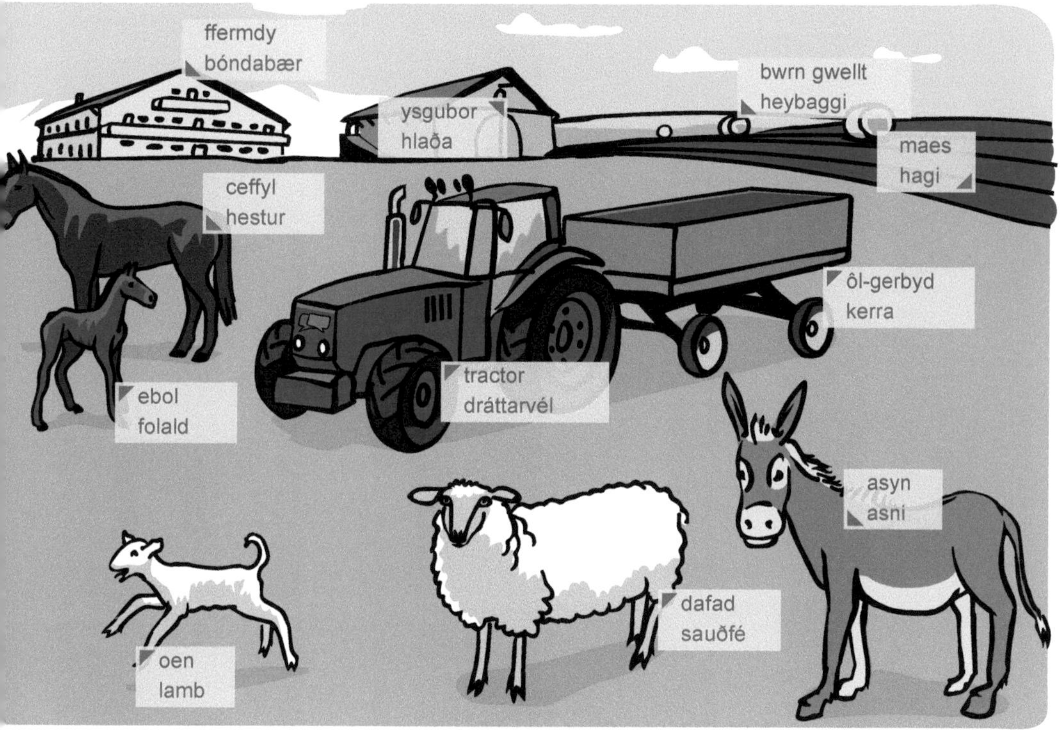

ffermdy
bóndabær
ysgubor
hlaða
bwrn gwellt
heybaggi
maes
hagi
ceffyl
hestur
ôl-gerbyd
kerra
tractor
dráttarvél
ebol
folald
asyn
asni
dafad
sauðfé
oen
lamb

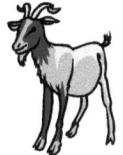

gafr
geit

buwch
kýr

llo
kálfur

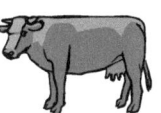

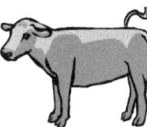

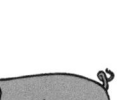

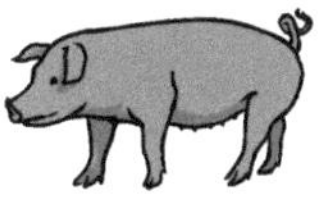
mochyn
svín

porchell
grís

tarw
naut

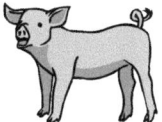

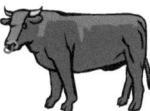

gwydd

gæs

hwyaden

önd

cyw

ungi

iâr

hæna

ceiliog

hani

llygoden fawr

rotta

cath

köttur

llygoden

mús

ych

uxi

ci

hundur

cwt ci

hundakofi

pibell ddŵr

garðslanga

can dŵr

garðkanna

pladur

ljár

aradr

plógur

cryman
sigð

fforch chwynu
hlújárn

picwarch
heygaffall

bwyell
öxi

berfa
hjólbörur

cafn
trog

tun llefrith
mjólkurfata

sach
poki

ffens
girðing

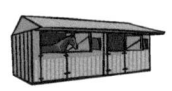

stabl
gripahús

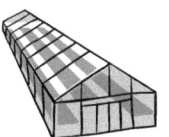

tŷ gwydr
gróðurhús

pridd
jarðvegur

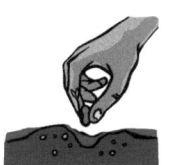

hedyn
fræ

gwrtaith
áburður

dyrnwr medi
kornskurðarvél

cynaeafu

uppskera

cynhaeaf

uppskera

iamau

kínverskar kartöflur

gwenith

hveiti

soi

soja

tysen

kartafla

grawn

maís

had rêp

repja

coeden ffrwythau

ávaxtatré

manioc

maníókarót

grawnfwydydd

korn

simnai
strompur

to
þak

peipen law
niðurfall

ffenestr
gluggi

garej
bílskúr

cloch y drws
dyrabjalla

drws
dyr

bin sbwriel
öskutunna

blwch post
póstkassi

gardd
garður

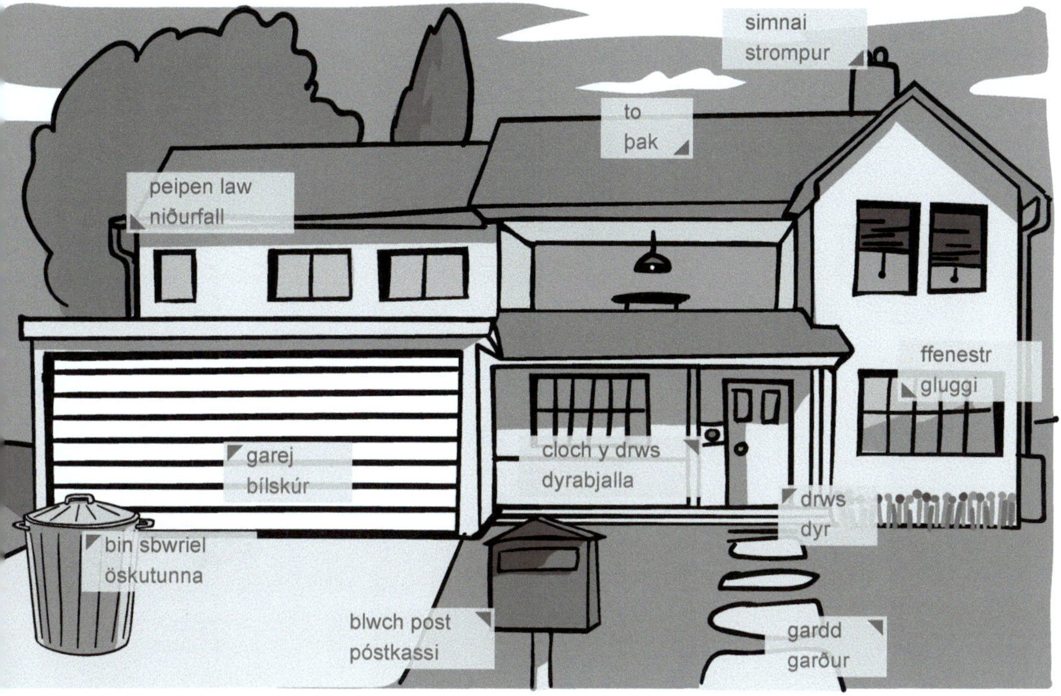

lolfa
stofa

ystafell ymolchi
baðherbergi

cegin
eldhús

ystafell wely
svefnherbergi

ystafell plentyn
barnaherbergi

ystafell fwyta
borðstofa

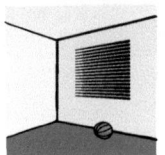

llawr

gólf

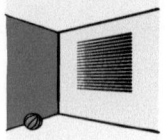

wal

veggur

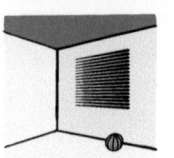

nenfwd

loft

seler

kjallari

sawna

gufubað

balconi

svalir

teras

verönd

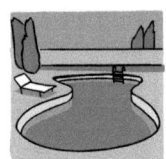

pwll

sundlaug

peiriant torri gwair

sláttuvél

taflen

lak

gorchudd gwely

rúmteppi

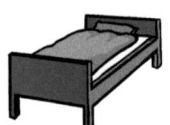

gwely

rúm

ysgub

kústur

bwced

fata

swits

rofi

lolfa
stofa

papur wal
veggfóður
llun
ljósmynd
lamp
lampi
silff
hilla
cwpwrdd
skápur
teledu
sjónvarp
lle tân
arinn
blodyn
blóm
clustog
púði
soffa
sófi
fâs
vasi
rheolydd o bell
fjarstýring

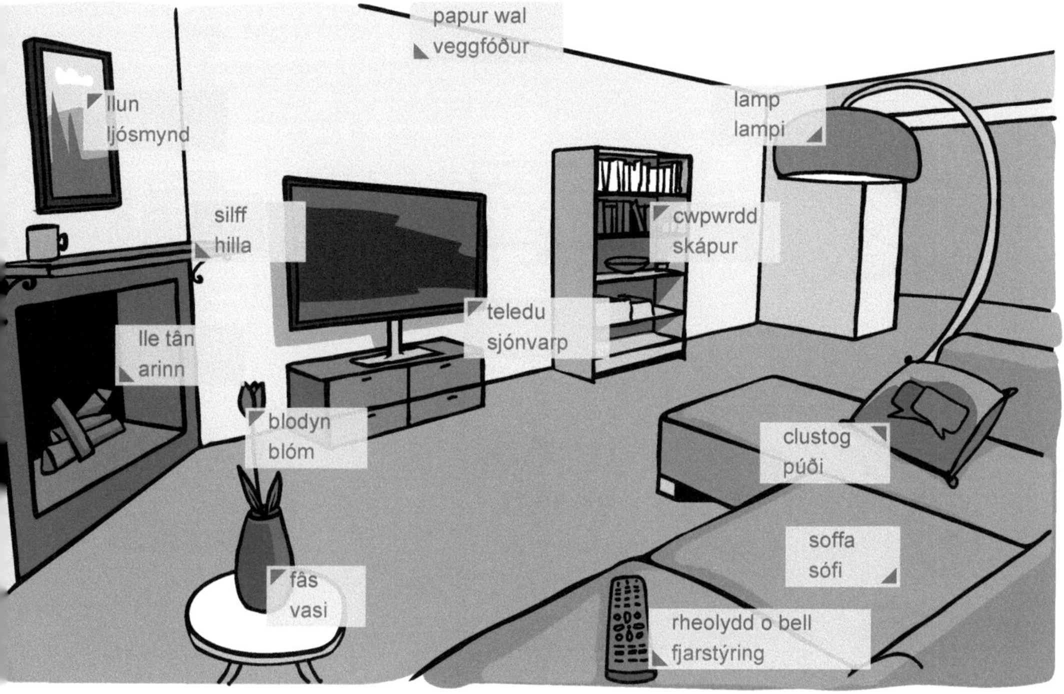

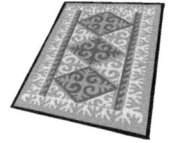

carped
....
teppi

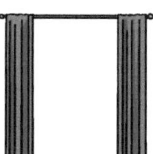

llen
....
gardínur

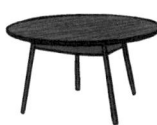

bwrdd
....
borð

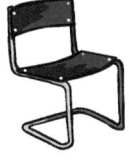

cadair
....
stóll

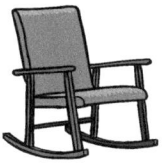

cadair siglo
....
ruggustóll

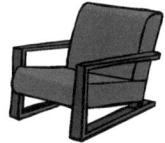

cadair freichiau
....
hægindastóll

llyfr

bók

blanced

sæng

addurn

skraut

coed tân

eldiviður

ffilm

mynd

hi-fi

hljómflutningstæki

agoriad

lykill

papur newydd

dagblað

darlun

málverk

poster

veggspjald

radio

útvarp

llyfr nodiadau

minnisbók

hwfer

ryksuga

cactws

kaktus

cannwyll

kerti

cegin
eldhús

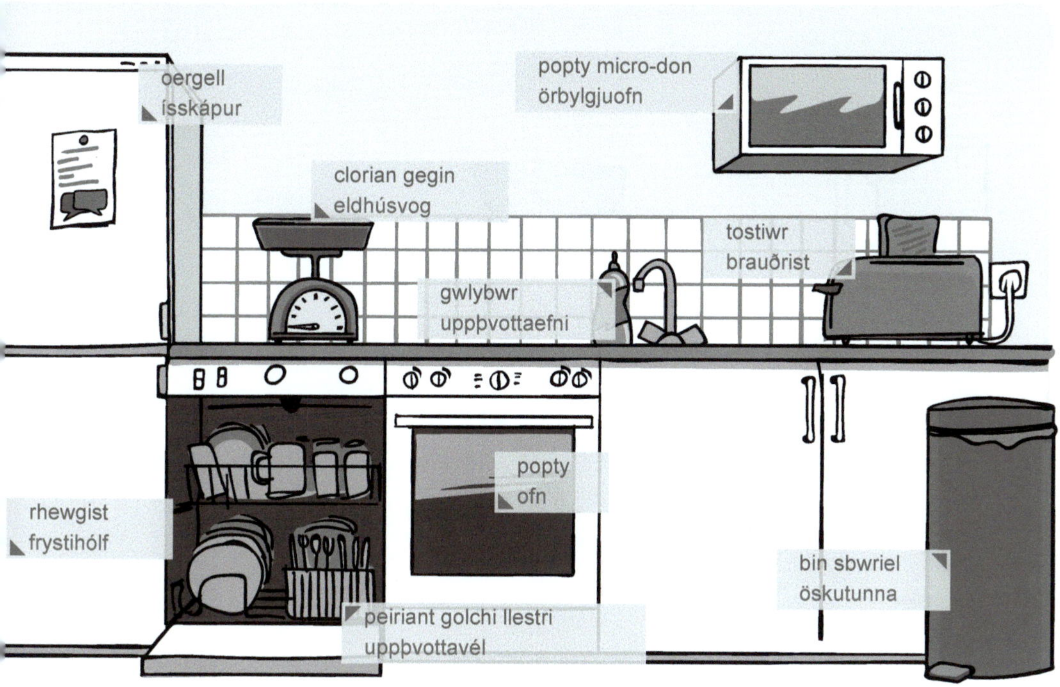

oergell
ísskápur
popty micro-don
örbylgjuofn
clorian gegin
eldhúsvog
tostiwr
brauðrist
gwlybwr
uppþvottaefni
popty
ofn
rhewgist
frystihólf
bin sbwriel
öskutunna
peiriant golchi llestri
uppþvottavél

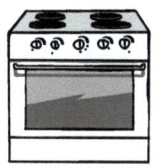

popty

eldavél

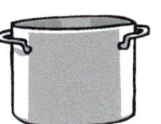

pot

pottur

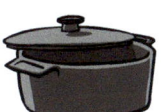

pot haearn bwrw

steypujárnspottur

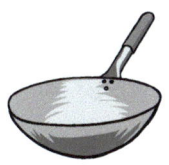

wok / kadai

wok/kadai

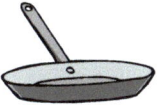

padell

panna

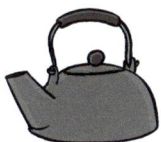

tegell

ketill

sosban stemio

gufukarfa

hambwrdd pobi

ofnform

llestri

leirtau

mwg

mál

powlen

skál

gweill bwyta

prjónar

lletwad

ausa

ysbodol

spaði

chwisg

pískur

hidlydd

sigti

gogr

málmsigti

gratiwr

rifjárn

morter

mortél

barbeciw

grill

tân agored

opinn eldur

bwrdd torri cig

skurðarbretti

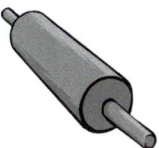

rholbren

kökukefli

tynnwr corcyn

tappatogari

tun

dós

peth agor tuniau

dósaopnari

clwt pot

pottaleppur

sinc

vaskur

brws

bursti

sbwng

svampur

peiriant cymysgu

blandari

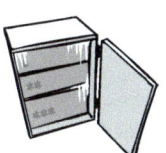

rhewgell

frystir

potel babi

peli

tap

blöndunartæki

ystafell ymolchi
baðherbergi

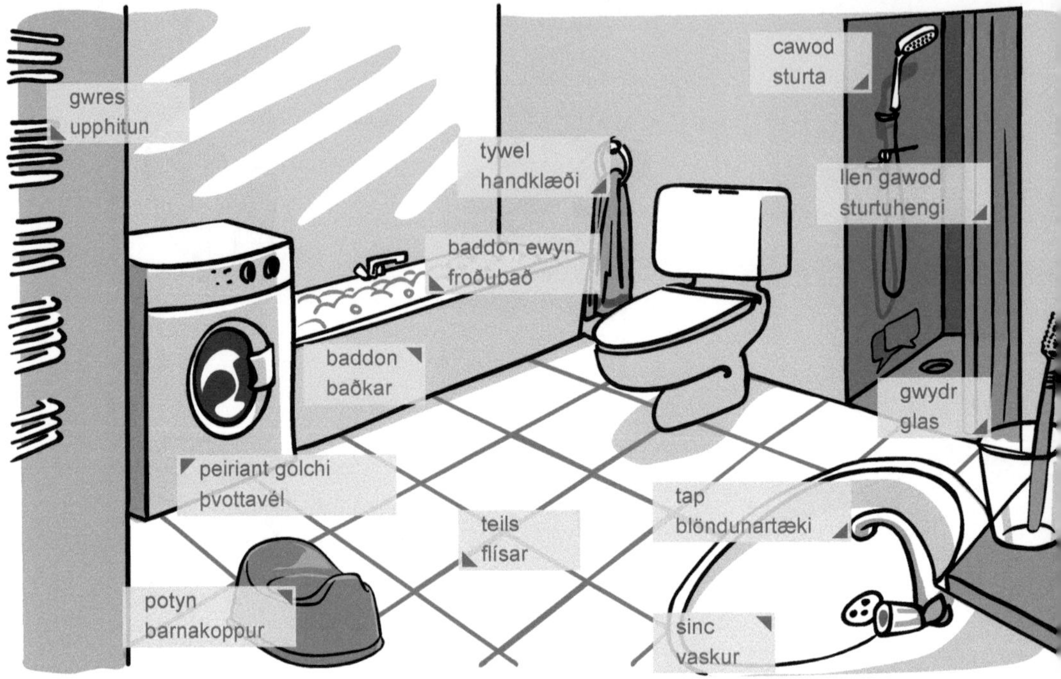

cawod
sturta
gwres
upphitun
tywel
handklæði
llen gawod
sturtuhengi
baddon ewyn
froðubað
baddon
baðkar
gwydr
glas
peiriant golchi
þvottavél
tap
blöndunartæki
teils
flísar
potyn
barnakoppur
sinc
vaskur

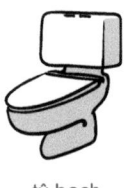

tŷ bach
salerni

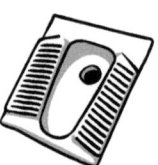

toiled cyrcydu
salerni án setu

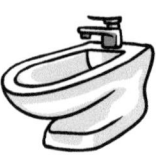

bidet
skolskál

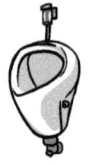

troethfa
þvagskál

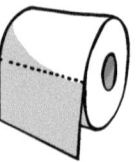

papur tŷ bach
salernispappír

brws tŷ bach
salernisbursti

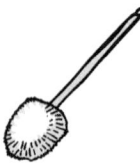

brws dannedd

tannbursti

past dannedd

tannkrem

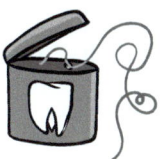

edau ddannedd

tannþráður

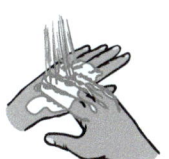

golchi

þvo

cawod llaw

handsturta

golchfa

salernissturta

basn

vaskur

brws-ôl

bakbursti

sebon

sápa

gel cawod

sturtugel

siampŵ

sjampó

gwlanen

flannel

ffos

niðurfall

hufen

krem

diaroglydd

svitalyktareyðir

drych
spegill

drych llaw
handspegill

rasel
rakskafa

ewyn eillio
raksápa

sent eillio
rakspíri

crib
greiða

brws
bursti

sychwr gwallt
hárþurrka

chwistrell gwallt
hársprey

colur
farði

minlliw
varalitur

farnais ewinedd
naglalakk

gwlân cotwm
bómull

siswrn ewinedd
naglaklippur

persawr
ilmvatn

bag ymolchi

þvottapoki

stôl

kollur

clorian

vog

gŵn baddon

sloppur

menig rwber

gúmmíhanskar

tampon

tíðatappi

tywel misglwyf

dömubindi

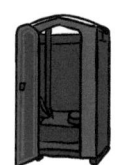

toiled cemegol

efnasalerni

ystafell plentyn

barnaherbergi

cloc larwm
vekjaraklukka
tegan anwes
mjúkt leikfang
car tegan
leikfangabíll
cleciwr
hrista
tŷ dol
dúkkuhús
anrheg
gjöf

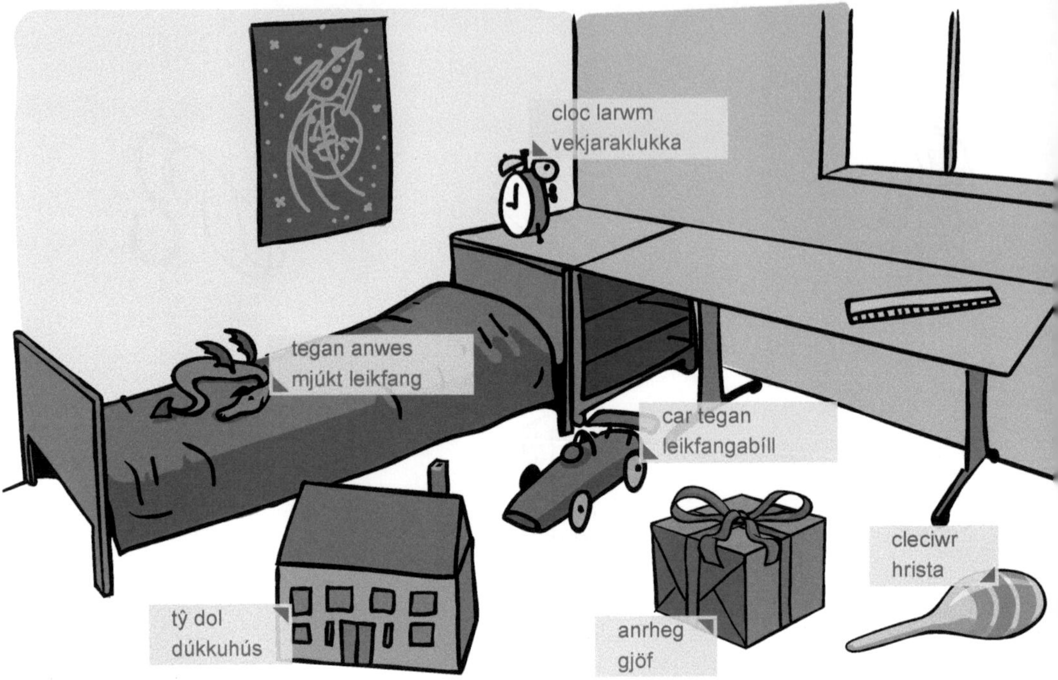

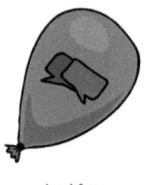

balŵn

blaðra

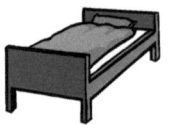

gwely

rúm

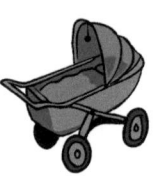

pram

barnavagn

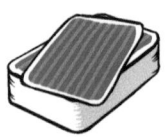

pecyn o gardiau

spilastokkur

jig-so

púsluspil

SUPER MEGA

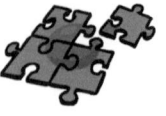

comic

myndasaga

brics Lego
....
legókubbar

blociau adeiladu
....
leikfangakubbar

ffigur gweithredu
....
leikfangakall

babygro
....
samfestingur

ffrisbi
....
Frisbídiskur

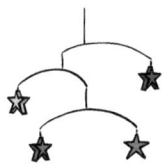

ffôn symudol
....
órói

gêm fwrdd
....
spilaborð

deis
....
teningar

set model trên
....
lestarlíkan

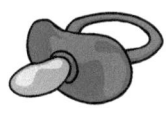

teth lwgu
....
snuð

parti
....
veisla

llyfr lluniau
....
myndabók

pêl
....
bolti

dol
....
brúða

chwarae
....
spila

pwll tywod

sandkassi

swing

sveifla

teganau

leikföng

consol gemau fideo

leikjatölva

beic tair olwyn

þríhjól

tedi

bangsi

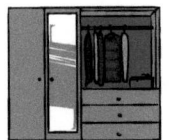

cwpwrdd dillad

fataskápur

dillad

föt

hosanau

sokkar

hosanau

kvensokkabuxur

teits

sokkabuxur

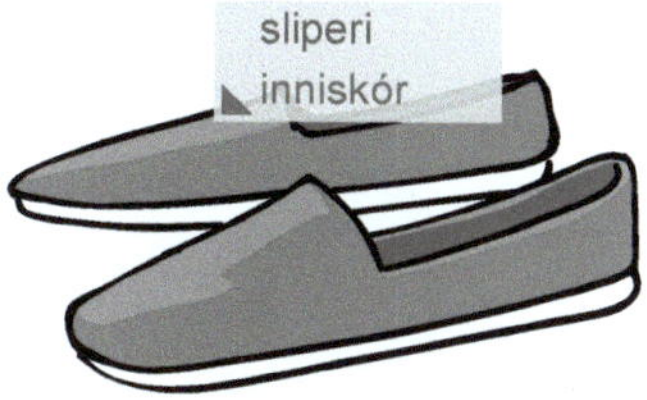

sgarff
trefill

ymbarél
regnhlíf

crys-t
stuttermabolur

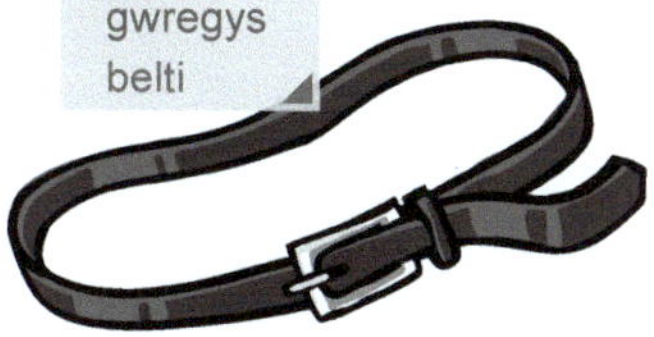

gwregys
belti

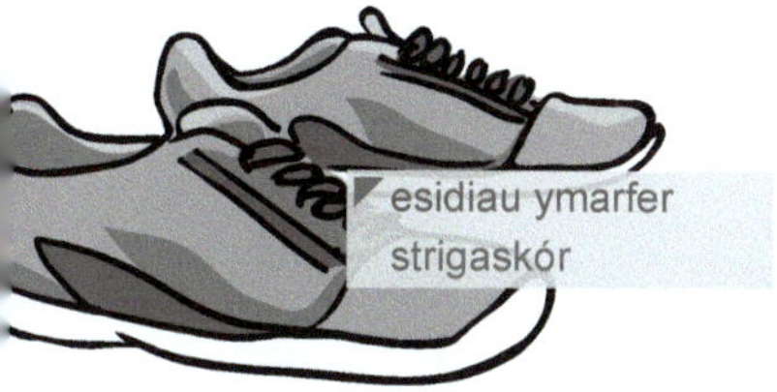

esgidiau
skór

sliperi
inniskór

esidiau ymarfer
strigaskór

sandalau
....
sandalar

esgidiau
....
skór

esgidiau rwber
....
gúmmístígvél

trôns
....
nærbuxur

bra
....
brjóstahaldari

fest
....
vesti

corff

samfella

trowsus

buxur

jîns

gallabuxur

sgert

pils

blows

blússa

crys

skyrta

pwlofer

peysa

hwdi

hettupeysa

blaser

jakki

siaced

jakki

côt

frakki

côt law

regnfrakki

gwisg

dragt

gŵn

kjóll

gwisg briodas

brúðarkjóll

siwt

jakkaföt

gŵn nos

náttkjóll

pyjamas

náttföt

sari

Sari

sgarff pen

höfuðslæða

tyrban

túrban

bwrca

búrka

cafftan

kaftan

abaya

abaya

gwisg nofio

sundföt

trowsus nofio

sundbuxur

siorts

stuttbuxur

tracwisg

íþróttagalli

ffedog

svunta

menig

hanskar

botwm

hnappur

sbectol

gleraugu

breichled

armband

cadwyn

hálsmen

modrwy

hringur

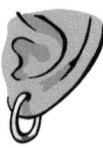

clustdlws

eyrnalokkur

cap

húfa

cambren

herðatré

het

hattur

tei

bindi

sip

rennilás

helmed

hjálmur

fframiau danedd

axlabönd

gwisg ysgol

skólabúningur

gwisg

einkennisbúningur

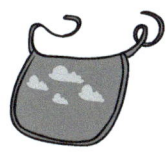

bib

smekkur

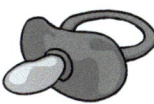

teth lwgu

snuð

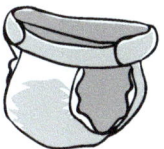

cewyn

bleyja

swyddfa
skrifstofa

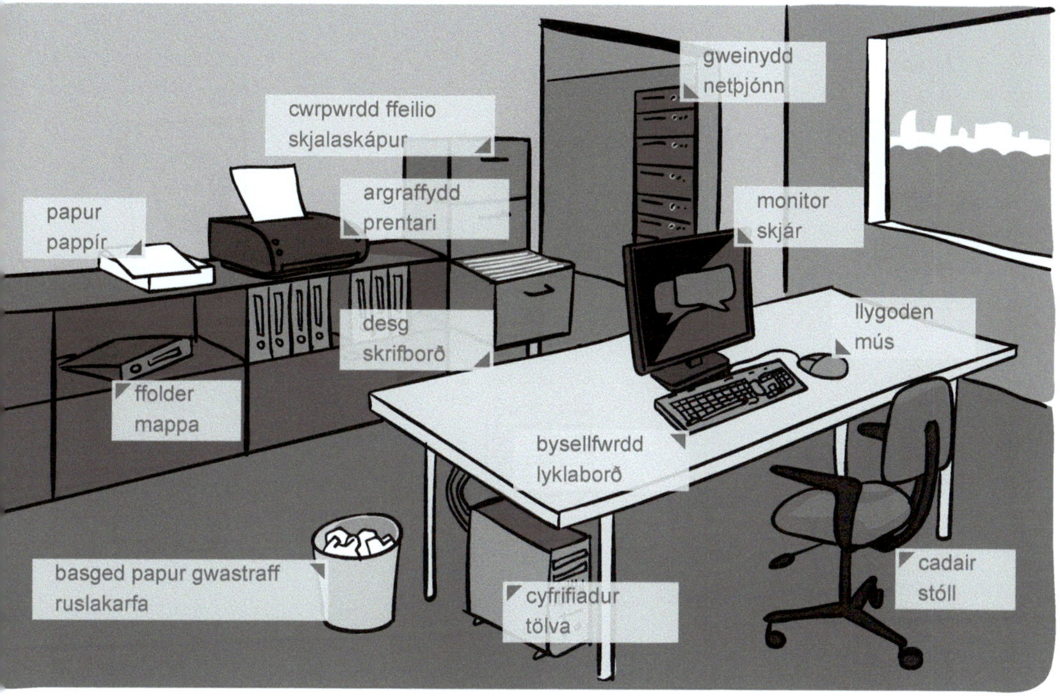
gweinydd
netþjónn
cwrpwrdd ffeilio
skjalaskápur
papur
pappír
argraffydd
prentari
monitor
skjár
llygoden
mús
desg
skrifborð
ffolder
mappa
bysellfwrdd
lyklaborð
basged papur gwastraff
ruslakarfa
cyfrifiadur
tölva
cadair
stóll

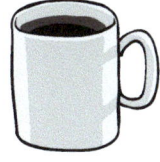

mwg coffi

kaffibolli

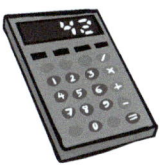

cyfrifiannell

reiknivél

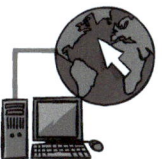

rhyngrwyd

internet

gliniadur

fartölva

llythyr

bréf

neges

skilaboð

ffôn symudol

farsími

rhwydwaith

net

llungopïwr

ljósritunarvél

meddalwedd

hugbúnaður

teleffon

sími

soced plwg

innstunga

peiriant ffacs

faxtæki

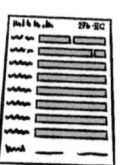

ffurflen

eyðublað

dogfen

skjal

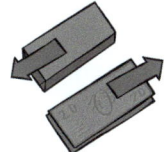

prynu

kaupa

talu

borga

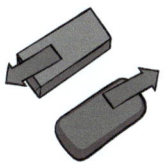

masnachu

versla

arian

peningar

doler

dollari

ewro

evra

yen

jen

rwbl

rúbla

ffranc y Swistir

svissneskur franki

yuan renminbi

renminbi yuan

rwpi

rúpíur

peiriant arian

hraðbanki

swyddfa gyfnewid

gjaldeyrisskipti

aur

gull

arian

silfur

olew

olía

ynni

orka

pris

verð

contract

samningur

treth

skattur

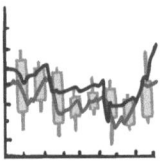

stoc

hlutabréf

gweithio

vinna

cyflogai

starfsmaður

cyflogwr

vinnuveitandi

ffatri

verksmiðja

siop

búð

swyddog heddlu
lögreglumaður

diffoddwr tân
slökkviliðsmaður

cogydd
kokkur

meddyg
læknir

peilot
flugmaður

garddwr

garðyrkjumaður

saer

smiður

gwniadwraig

saumakona

barnwr

dómari

fferyllydd

lyfjafræðingur

actor

leikari

gyrrwr bws

strætóbílstjóri

gyrrwr tacsi

leigubílstjóri

pysgotwr

sjómaður

glanhawraig

ræstitæknir

töwr

þaksmiður

gweinydd

þjónn

heliwr

veiðimaður

paentiwr

málari

pobydd

bakari

trydanwr

rafvirki

adeiladwr

byggingaverkamaður

peiriannydd

verkfræðingur

cigydd

slátrari

plymiwr

pípari

dyn y post

póstmaður

milwr

hermaður

pensaer

arkitekt

ariannwr

gjaldkeri

gwerthwr blodau

blómasali

triniwr gwallt

hárgreiðslumaður

archwiliwr tocynnau rheilffordd

lestarstjóri

mecanydd

vélvirki

capten

skipstjóri

deintydd

tannlæknir

gwyddonydd

vísindamaður

rabi

rabbíi

imam

Imam

mynach

munkur

clerigwr

prestur

offer
verkfæri

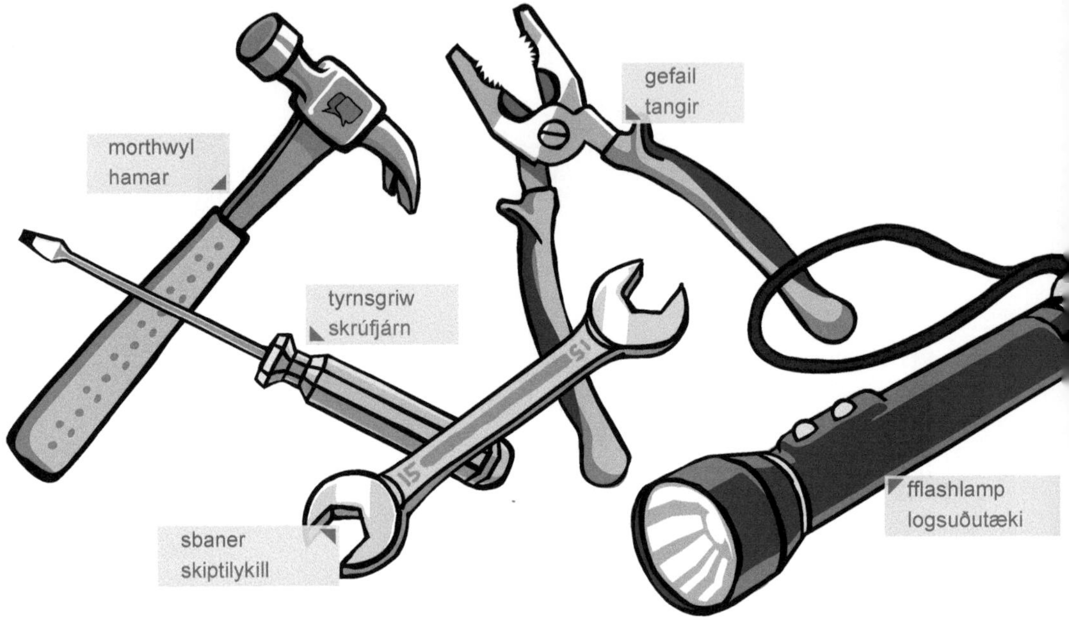
morthwyl
hamar
gefail
tangir
tyrnsgriw
skrúfjárn
sbaner
skiptilykill
fflashlamp
logsuðutæki

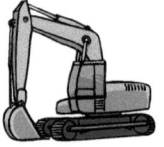

turiwr

grafa

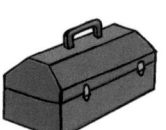

blwch offer

verkfærataska

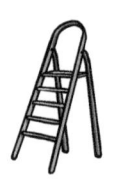

ysgol

stigi

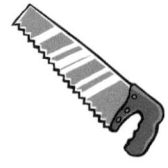

llif

sög

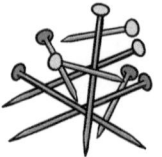

hoelion

naglar

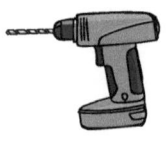

dril

bor

trwsio
gera við

rhaw
skófla

Daria!
Fjandinn!

rhaw lwch
fægiskófla

pot paent
málningarfata

sgriwiau
skrúfur

offerynnau cerdd
hljóðfæri

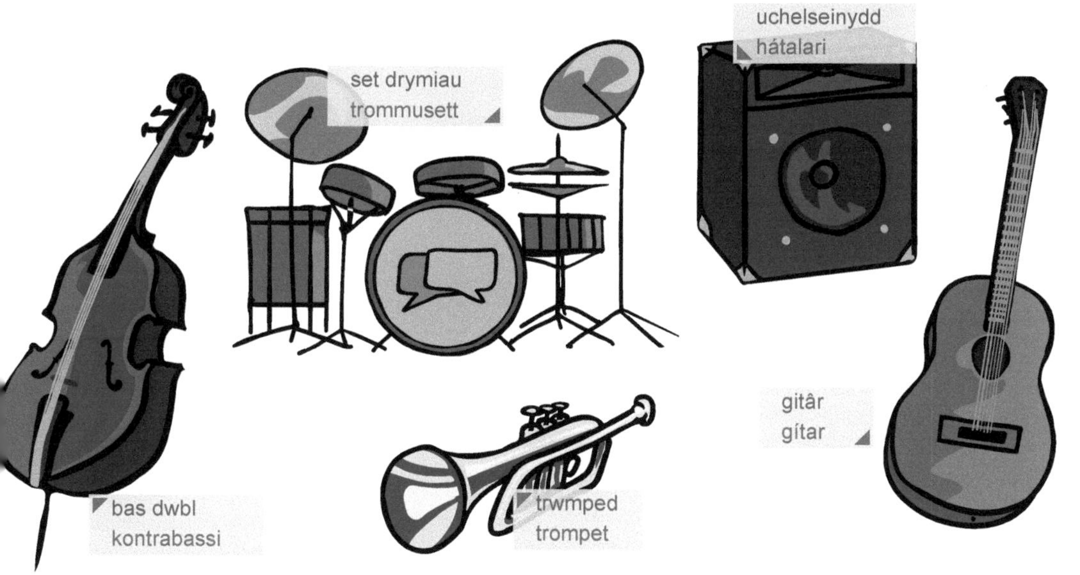

uchelseinydd
hátalari

set drymiau
trommusett

gitâr
gítar

bas dwbl
kontrabassi

trwmped
trompet

piano

píanó

ffidil

fiðla

bas

bassi

timpani

pákur

drymiau

trommur

cyweirfwrdd

hljómborð

sacsoffon

saxófónn

ffliwt

flauta

meicroffon

hljóðnemi

sŵ

dýragarður

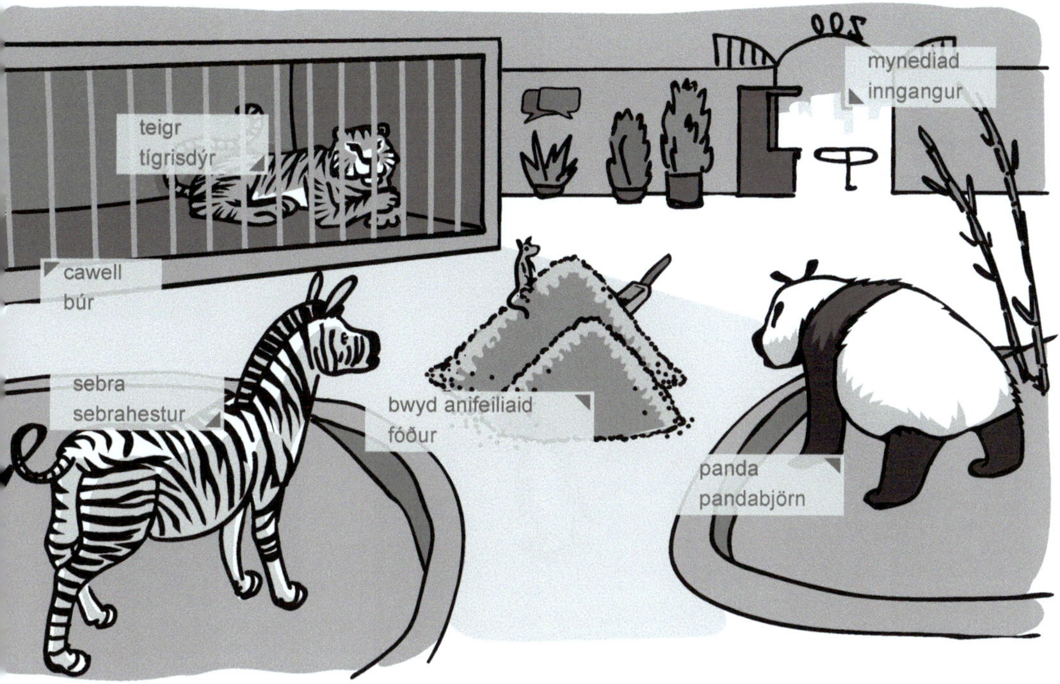
mynediad
inngangur
teigr
tígrisdýr
cawell
búr
sebra
sebrahestur
bwyd anifeiliaid
fóður
panda
pandabjörn

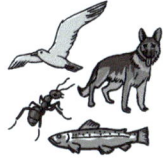

anifeiliaid
dýr

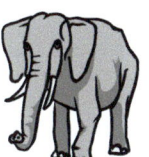

eliffant
fíll

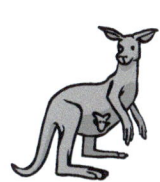

cangarŵ
kengúra

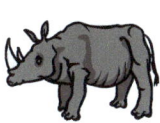

rhinoseros
nashyrningur

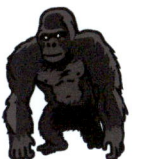

gorila
górilla

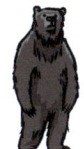

arth
skógarbjörn

camel

úlfaldi

estrys

strútur

llew

ljón

mwnci

api

fflamingo

flamingó

parot

páfagaukur

arth wen

ísbjörn

pengwin

mörgæs

siarc

hákarl

paun

páfugl

neidr

snákur

crocodeil

krókódíll

gofalwr sŵ

dýragarðsvörður

morlo

selur

jagwar

jagúar

merlyn

hestur

llewpard

hlébarði

hipo

flóðhestur

jiráff

gíraffi

eryr

örn

baedd

villisvín

pysgodyn

fiskur

crwban

skjaldbaka

walrws

rostungur

llwynog

refur

gafrewig

gasella

pêl-droed America
Amerískur fótbolti

beicio
hjólreiðar

tennis
tennis

pêl-fasged
körfubolti

nofio
sund

bocsio
hnefaleikar

hoci iâ
íshokkí

pêl-droed
....
fótbolti

badminton
....
hnit

athletau
....
frjálsar íþróttir

pêl-law
....
handbolti

sgïo
....
skíði

polo
....
póló

gweithgareddau
athafnir

chwerthin
hlæja
neidio
hoppa
cofleidio
faðma
cerdded
ganga
canu
syngja
breuddwydio
dreyma
gweddïo
biðja
cusanu
kyssa

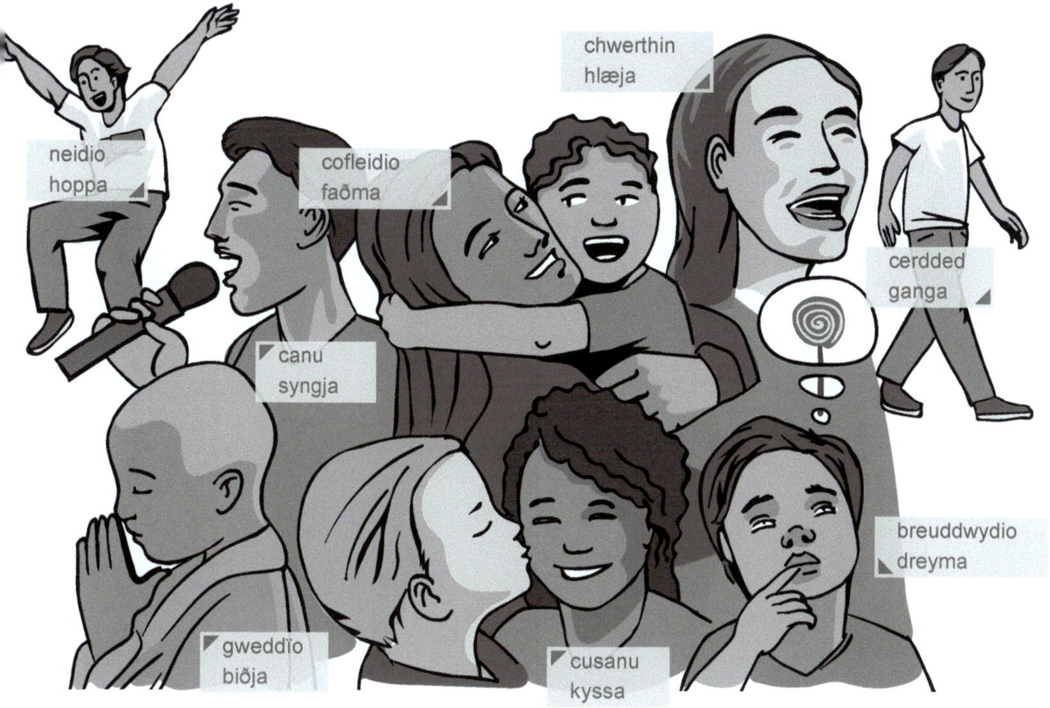

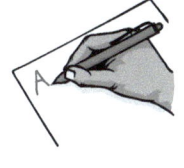

ysgrifennu
skrifa

tynnu
teikna

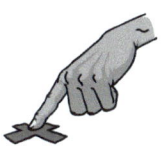

dangos
sýna

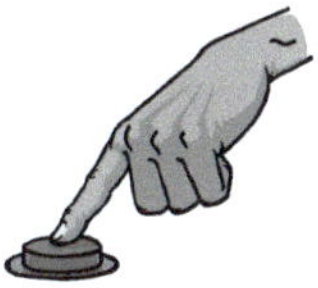

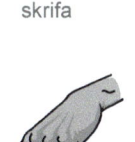

gwthio
ýta

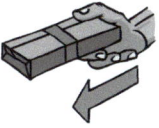

rhoi
gefa

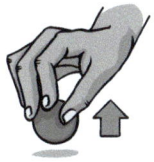

cymryd
taka

bod gan

hafa

gwneud

gera

bod

vera

sefyll

standa

rhedeg

hlaupa

tynnu

draga

taflu

kasta

disgyn

detta

gorwedd

ljúga

aros

bíða

cario

bera

eistedd

sitja

gwisgo amdanoch

klæða sig

cysgu

sofa

deffro

vakna

edrych ar

líta á

crïo

gráta

anwesu

strjúka

cribo

greiða

siarad

tala

deall

skilja

gofyn

spyrja

gwrando

hlusta

yfed

drekka

bwyta

borða

tacluso

taka til

caru

elska

coginio

elda

gyrru

keyra

hedfan

fljúga

hwylio

sigla

cyfrifo

reikna

darllen

lesa

dysgu

læra

gweithio

vinna

priodi

giftast

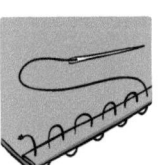

gwnïo

sauma

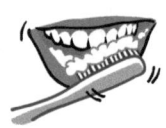

brwsio dannedd

bursta tennur

lladd

drepa

ysmygu

reykja

anfon

senda

nain
amma

taid
afi

tad
faðir

mam
móðir

baban
barn

merch
dóttir

mab
sonur

gwestai

gestur

modryb

frænka

ewythr

frændi

brawd

bróðir

chwaer

systir

corff
líkami

talcen
enni
llygad
auga
ysgwydd
öxl
bys
fingur
wyneb
andlit
gên
haka
llaw
hönd
coes
fótleggur
bron
brjóst
braich
handleggur

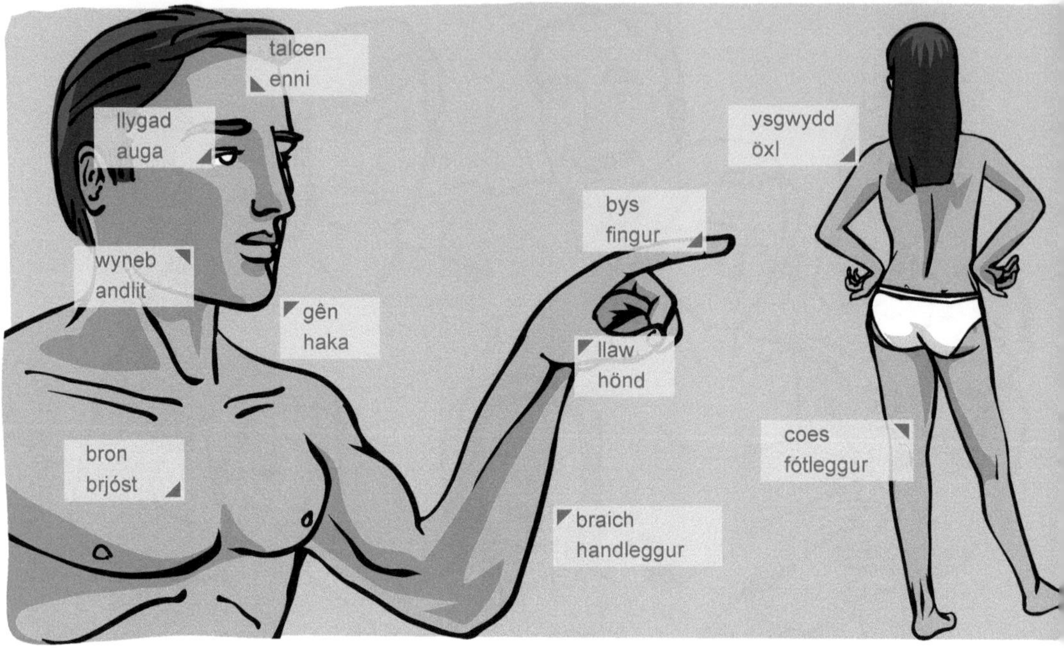

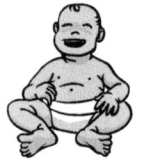

baban

barn

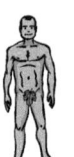

dyn

maður

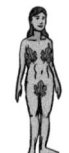

gwraig

kona

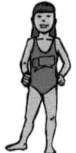

geneth

stúlka

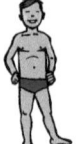

bachgen

drengur

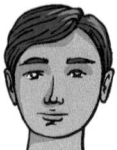

pen

höfuð

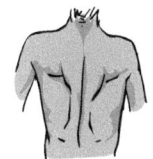

cefn
bak

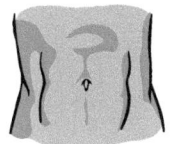

bel
kviður

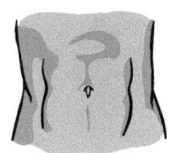

bogail
nafli

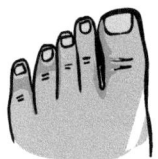

bys troed
tá

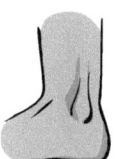

sawdl
hæll

asgwrn
bein

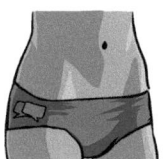

clun
mjöðm

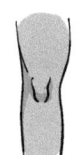

pen-glin
hné

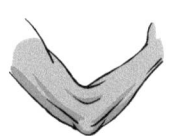

penelin
olnbogi

trwyn
nef

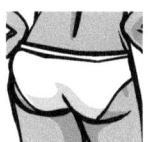

pen ôl
rass

croen
húð

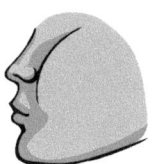

boch
kinn

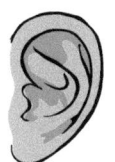

clust
eyra

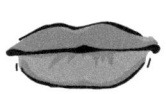

gwefus
vör

corff - líkami

ceg

munnur

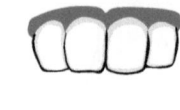

dant

tönn

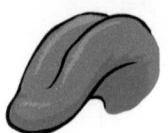

tafod

tunga

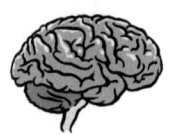

ymennydd

heili

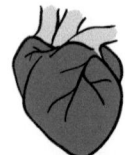

calon

hjarta

cyhyr

vöðvi

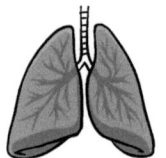

ysgyfaint

lunga

iau

lifur

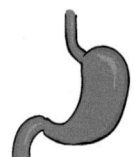

stumog

magi

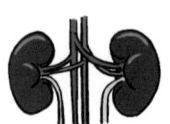

arennau

nýru

rhyw

kynmök

condom

smokkur

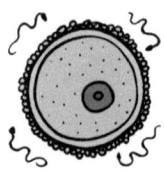

ofwm

eggfruma

semen

sæði

beichiogrwydd

ólétta

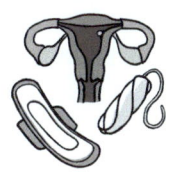

mislif
....
tíðir

fagina
....
leggöng

pidyn
....
typpi

ael
....
augabrún

gwallt
....
hár

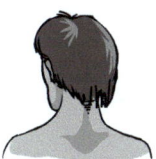

gwddf
....
háls

ysbyty
sjúkrahús

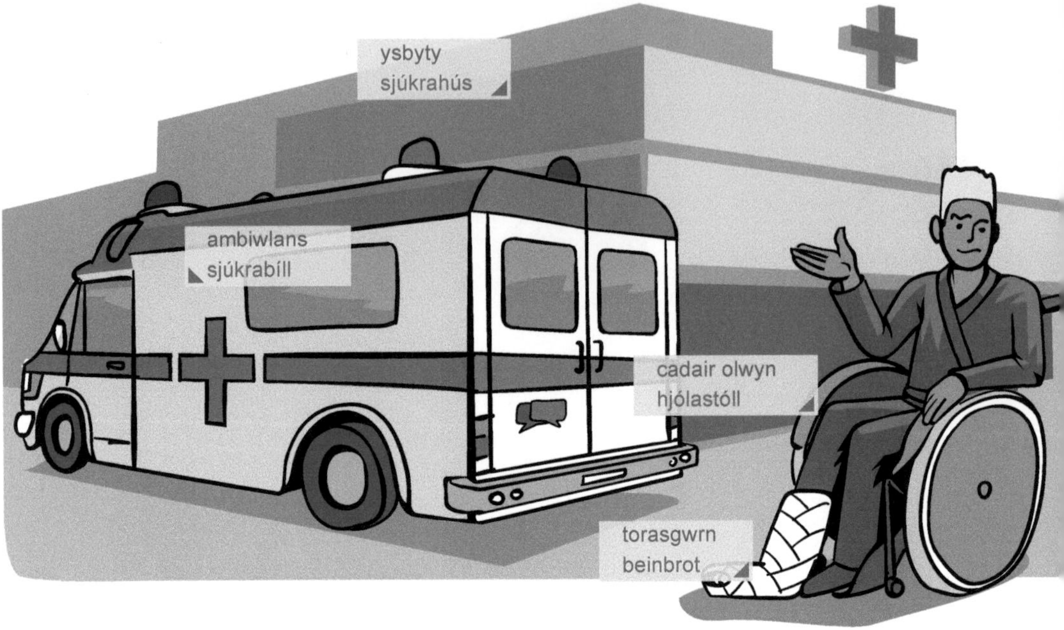

ysbyty
sjúkrahús
ambiwlans
sjúkrabíll
cadair olwyn
hjólastóll
torasgwrn
beinbrot

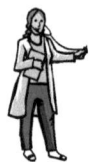

meddyg

læknir

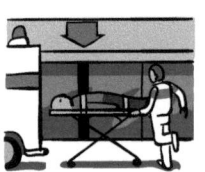

ystafell argyfwng

bráðamóttaka

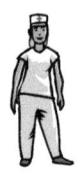

nyrs

hjúkrunarfræðingur

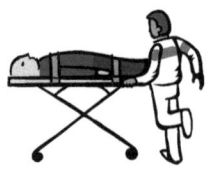

argyfwng

neyðartilvik

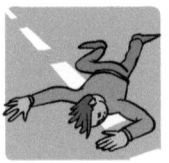

anymwybodol

meðvitundarlaus

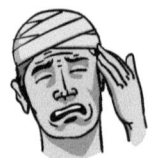

poen

verkir

anaf

meiðsli

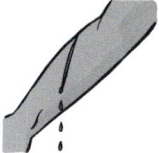

gwaedu

blæðing

trawiad ar y galon

hjartaáfall

strôc

heilablóðfall

alergedd

ofnæmi

peswch

hósti

twymyn

hiti

ffliw

flensa

dolur rhydd

niðurgangur

cur pen

höfuðverkur

canser

krabbamein

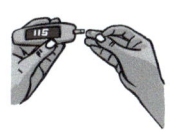

diabetes

sykursýki

llawfeddyg

skurðlæknir

fflaim

skurðhnífur

gweithrediad

aðgerð

CT
sneiðmyndataka

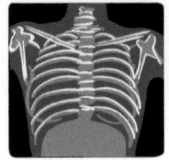

pelydr-x
röntgengeisli

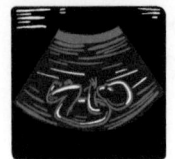

uwchsain
ómskoðun

mwgwd wyneb
andlitsgríma

clefyd
sjúkdómur

ystafell aros
biðstofa

bagl
hækja

plastr
gifs

rhwymyn
sáraumbúðir

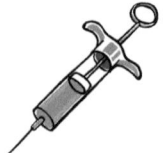

pigiad
sprauta

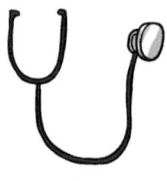

stethosgop
hlustunarpípa

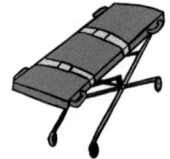

elorwely
börur

thermomedr clinigol
líkamshitamælir

genedigaeth
fæðing

dros bwysau
yfirvigt

cymorth clyw

heyrnartæki

diheintydd

sótthreinsiefni

haint

sýking

firws

veira

HIV / AIDS

HIV / AIDS

meddygaeth

lyf

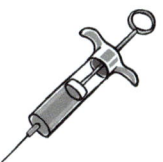

brechiad

bólusetning

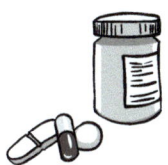

tabledi

töflur

y bilsen

pilla

galwad frys

neyðarsímtal

monitor pwysau gwaed

blóðþrýstingsmælir

yn sâl / yn iach

lasinn / heilbrigður

ysbyty - sjúkrahús

Help!

Hjálp!

larwm

viðvörun

ymosodiad

líkamsárás

ymosodiad

árás

perygl

hætta

allanfa argyfwng

neyðarútgangur

Tân!

Eldur!

diffoddwr tân

slökkvitæki

damwain

slys

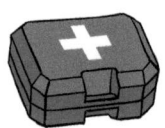

pecyn cymorth cyntaf

skyndihjálparbúnaður

SOS

SOS

heddlu

lögregla

Ewrop

Evrópa

Gogledd America

Norður-Ameríka

De America

Suður-Ameríka

Affrica

Afríka

Asia

Asía

Awstralia

Ástralía

Iwerydd

Atlantshaf

y Môr Tawel

Kyrrahaf

Cefnfor yr India

Indlandshaf

Cefnfor yr Antarctig

Suður-Íshaf

Cefnfor yr Arctig

Norður-Íshaf

Pegwn y Gogledd

Norðurpóll

Pegwn y De
Suðurpóll

Antarctica
Suðurskautslandið

y Ddaear
Jörð

tir
land

môr
sjór

ynys
eyja

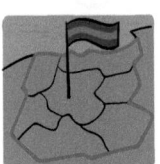

cenedl
þjóð

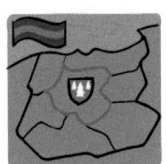

gwladwriaeth
ríki

wyneb cloc

klukkuskífa

bys awr

litli vísir

bys munud

stóri vísir

bys eiliad

sekúnduvísir

Faint o'r gloch yw hi?

Hvað er klukkan?

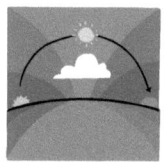

dydd

dagur

amser

tími

yn awr

nú

cloc digidol

tölvuúr

munud

mínúta

awr

klukkustund

wythnos
vika

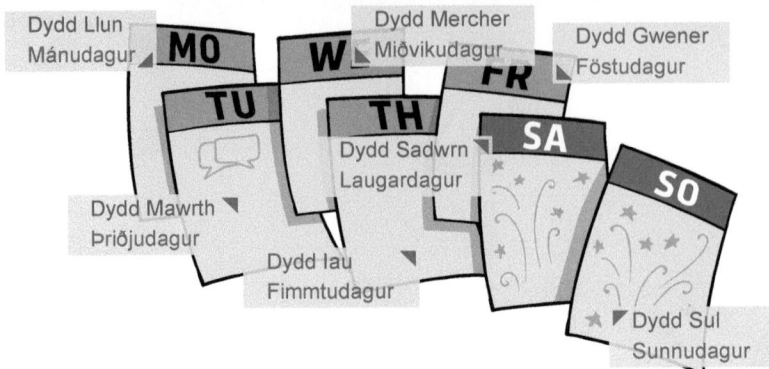

Dydd Llun
Mánudagur **MO**

W Dydd Mercher
Miðvikudagur

Dydd Gwener
Föstudagur

TU

TH

SA

SO

Dydd Sadwrn
Laugardagur

Dydd Mawrth
Þriðjudagur

Dydd Iau
Fimmtudagur

Dydd Sul
Sunnudagur

ddoe

í gær

heddiw

í dag

yfory

á morgun

bore

morgunn

canol dydd

hádegi

noswaith

kvöld

MO	TU	WE	TH	FR	SA	SU
1	2	3	4	5	6	7
8	9	10	11	12	13	14
15	16	17	18	19	20	21
22	23	24	25	26	27	28
29	30	31	1	2	3	4

diwrnodiau busnes

virkir dagar

MO	TU	WE	TH	FR	SA	SU
1	2	3	4	5	6	7
8	9	10	11	12	13	14
15	16	17	18	19	20	21
22	23	24	25	26	27	28
29	30	31	1	2	3	4

penwythnos

helgi

blwyddyn
ár

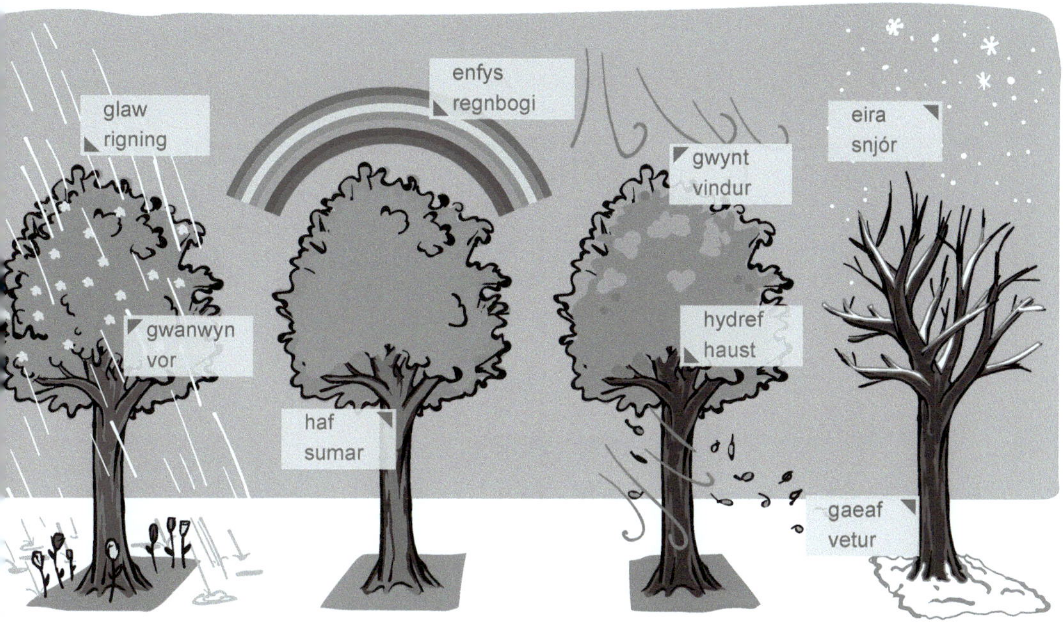
glaw
rigning
enfys
regnbogi
eira
snjór
gwynt
vindur
gwanwyn
vor
hydref
haust
haf
sumar
gaeaf
vetur

4.APRIL 11°
5.APRIL 4°
6.APRIL 13°
7.APRIL 8°
8.APRIL 10°

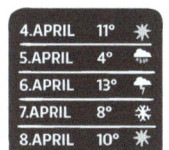

rhagolygon y tywydd

veðurspá

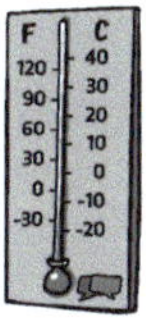
F C
120 40
90 30
60 20
30 10
0 0
-30 -10
-20

thermomedr

hitamælir

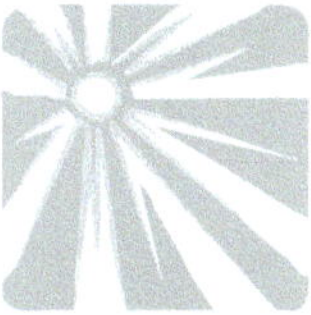

heulwen

sólskin

cwmwl

ský

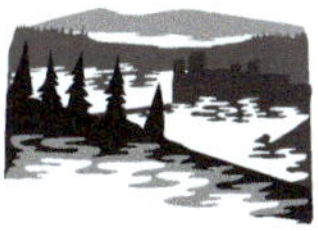

niwl tew

þoka

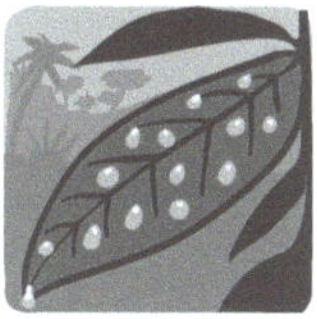

lleithder

raki

mellt

eldingar

taranau

þrumuveður

storm

stormur

cenllysg

haglél

monsŵn

monsún

llif

flóð

iâ

ís

Ionawr

Janúar

Chwefror

Febrúar

Mawrth

Mars

Ebrill

Apríl

Mai

Maí

Mehefin

Júní

Gorffennaf

Júlí

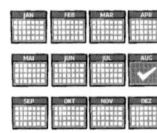

Awst

Ágúst

Medi
....
September

Hydref
....
Október

Tachwedd
....
Nóvember

Rhagfyr
....
Desember

siapiau
form

cylch
....
hringur

sgwâr
....
ferningur

petryal
....
rétthyrningur

triongl
....
þríhyrningur

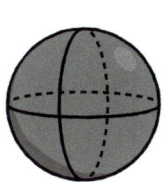

sffêr
....
kúla

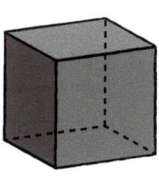

ciwb
....
teningur

gwyn

hvítur

melyn

gulur

oren

appelsínugulur

pinc

bleikur

coch

rauður

porffor

fjólublár

glas

blár

gwyrdd

grænn

brown

brúnn

llwyd

grár

du

svartur

llawer / ychydig

mikið / lítið

dig / tawel

reiður / rólegur

hardd / hyll

fallegur / ljótur

dechrau / diwedd

upphaf / endir

mawr / bach

stór / lítill

llachar / tywyll

bjartur / dimmur

brawd / chwaer

bróðir / systir

glân / budr

hreinn / óhreinn

gyflawn / anghyflawn

heill / ófullnægjandi

dydd / nos

dagur / nótt

farw / yn fyw

dauður / lifandi

eang / cul

breiður / mjór

bwytadwy / anfwytadwy
....
ætur / óætur

drwg / caredig
....
vondur / góður

llawn cyffro / diflasu
....
spenntur / leiður

tew / tenau
....
feitur / mjór

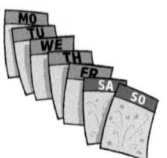

cyntaf / olaf
....
fyrstur / síðastur

cyfaill / gelyn
....
vinur / óvinur

llawn / gwag
....
fullur / tómur

caled / meddal
....
harður / mjúkur

trwm / ysgafn
....
þungur / léttur

wedi newynnu / yn sychedig
....
svangur / þyrstur

yn sâl / yn iach
....
lasinn / heilbrigður

anghyfreithlon / cyfreithiol
....
ólöglegur / löglegur

deallus / twp
....
greindur / heimskur

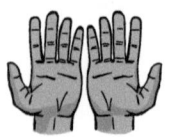

chwith / dde
....
vinstri / hægri

agos / pell
....
nálægur / fjarlægur

newydd / wedi'i ddefnyddio

nýr / notaður

dim / rhywbeth

ekkert / eitthvað

hen / ifanc

gamall / ungur

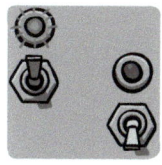

ymlaen / i ffwrdd

kveikt / slökkt

ar agor / ar gau

opna / loka

tawel / uchel

Lágvær / hávær

cyfoethog / tlawd

ríkur / fátækur

cywir / anghywir

rétt / rangt

garw / llyfn

grófur / sléttur

trist / hapus

sorgbitinn / hamingjusamur

byr / hir

stutt / lengi

araf / cyflym

hægt / hratt

gwlyb / sych

blautur / þurr

cynnes / claear

heitur / kaldur

rhyfel / heddwch

stríð / friður

0

sero

núll

1

un

einn

2

dau

tveir

3

tri

þrír

4

pedwar

fjórir

5

pump

fimm

6

chwech

sex

7

saith

sjö

8

wyth

átta

9

naw

níu

10

deg

tíu

11

un deg un

ellefu

12

un deg dau

tólf

13

un deg tri

þrettán

14

un deg pedwar

fjórtán

15

un deg pump

fimmtán

16

un deg chwech

sextán

17

un deg saith

sautján

18

un deg wyth

átján

19

un deg naw

nítján

20

dau ddeg

tuttugu

100

cant

hundrað

1.000

mil

þúsund

1.000.000

miliwn

milljón

Saesneg

Enska

Saesneg America

Amerísk enska

Tsieinëeg Mandarin

Mandarin-kínverska

Hindi

Hindí

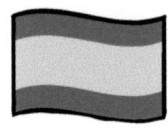

Sbaeneg

Spænska

Ffrangeg

Franska

Arabeg

Arabíska

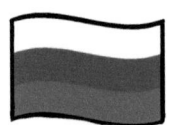

Rwseg

Rússneska

Portiwgaleg

Portúgalska

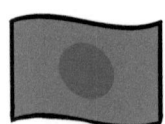

Bengali

Bengali

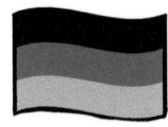

Almaeneg

Þýska

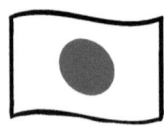

Siapanaeg

Japanska

fi
....
ég

ti
....
þú

ef / hi
....
hann / hún / það

ni
....
við

chi
....
þú

nhw
....
þeir

pwy?
....
hver?

beth?
....
hvað?

sut?
....
hvernig?

ble?
....
hvar?

pryd?
....
hvenær?

enw
....
nafn

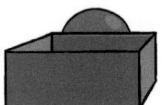

y tu ôl i

bakvið

yn / yng / ym / mewn

í

o flaen

fyrir framan

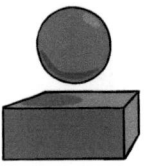

dros

yfir

ar

á

dan

undir

wrth ochr

við hliðina

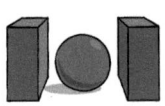

rhwng

milli

lle

sæti